SÉRIE PÉDAGOGIQUE

DE L'INSTITUT DE LINGUISTIQUE DE LOUVAIN — 6

OUVRAGES ENCYCLOPÉDIQUES ET TERMINOLOGIQUES EN SCIENCES HUMAINES

PAR

Guy JUCQUOIS et Jean LEUSE

1980

DÉPOSITAIRE : ÉDITIONS PEETERS, B.P. 41, B-3000 LOUVAIN

ISBN 2-8017-0139-4
© AILL
Dépôt légal 1980/0602/7

Mode d'Utilisation de cette Bibliographie

Un certain nombre d'étudiants éprouvent parfois des difficultés à s'orienter dans la grande masse des publications des différentes sciences humaines. Les quelques indications données dans nos *Conventions pour la présentation d'un texte scientifique*, Louvain, 1978, concernent les principaux répertoires bibliographiques à utiliser en linguistique.

La bibliothèque de l'Institut de Linguistique permet actuellement de travailler en accès direct tant pour la recherche bibliographique que pour la résolution des difficultés terminologiques qui peuvent se présenter en cours de travail.

Il n'en est malheureusement pas de même en ce qui concerne l'ensemble des sciences humaines. Il devenait indispensable de fournir aux étudiants quelques indications qui leur permettent de retrouver aisément les grands travaux tant encyclopédiques que terminologiques qui doivent faciliter soit la démarche occasionnelle, soit le départ d'une démarche plus approfondie dans une orientation différente de la linguistique au sens strict et classique du terme. Nous estimons que si aucun effort n'est entrepris dans cette voie, il restera vain de prétendre à des entreprises interdisciplinaires, à moins qu'on ne prétende sur ce plan faire oeuvre publicitaire et sous ce dernier prétexte obtenir des subsides difficiles à obtenir d'une autre manière!

S'expliquant sur l'isolement dommageable des divers spécialistes en sciences humaines, Jean PIAGET, *Logique et connaissance scientifique*, Paris, 1967, p.1119-1120, rappelle que, de même que le psychologue, le logicien, etc., le linguiste peut tout ignorer des domaines voisins et "s'isoler plus ou moins hermétiquement"(p.1119). Mais il poursuit: "les raisons en tiennent sans doute d'abord au cloisonnement des facultés universitaires, dont le conservatisme est à la hauteur de celui de toute institution sociale revêtue d'un prestige incontesté: il suffit que l'économie politique soit rattachée au droit, la linguistique aux sciences historiques et philosophiques, la psychologie aux sciences ou à la philosophie pour que les programmes d'études entretiennent les ignorances réciproques. Mais les

raisons plus profondes tiennent, d'une part,
à l'absence de hiérarchie entre les diverses
disciplines et, d'autre part, ou surtout, à
une sorte de prudence méthodologique à la fois
rassurante et discutable qui freine la recherche des structures communes et retarde ainsi
les travaux interdisciplinaires"(p.1119-1120).

Nous espérons faciliter les pre-
miers pas de l'étudiant dans des secteurs peut-
être nouveaux pour lui et lui permettre ainsi
d'aborder plus aisément des domaines dont il se
rendra vite compte qu'ils sont indissociables
de celui de la science du langage.

Les ouvrages ont été choisis selon
deux critères: tout d'abord par leur caractère
encyclopédique, ensuite par leur caractère terminologique, mais rares sont les travaux qui
combinent ces deux qualités. Dans chaque orientation un choix a été fait parmi les ouvrages
les plus récents.

Comme dans les fascicules du *Projet
pour un traité de linguistique différentielle*,
Louvain, 1978, et les *Additions 1978 au "Projet..."*, Louvain, 1978, la date de rédaction a
été mentionnée en bas de page afin de permettre
des ajouts ultérieurs.

Nous espérons qu'ainsi ces quelques
fiches pourront rendre quelques services aux

étudiants principalement de linguistique et
de philologie, cela non seulement dans l'é-
laboration du mémoire de fin d'étude, mais aussi ultérieurement dans la recherche de documentation dans des secteurs auxquels une initiation nous apparaît comme de plus en plus indispensable à de futurs enseignants.

G.J. et J.L.

Signes particuliers:

Afin de faciliter l'usage des indications bibliographiques, on s'est volontairement limi-
té à un choix de titres, d'accès facile tant
par la langue que parce qu'ils se trouvent
dans la plupart des grandes bibliothèques u-
niversitaires.

On utilisera les signes suivants pour distin-
guer le type d'ouvrage:

★   ouvrage de type encyclopédique, c'est-à-
        dire donnant un état de la question
        avec une abondante bibliographie.

☆   ouvrage d'introduction générale, clair et
        de portée générale.

⊕   ouvrage terminologique

En outre, il se recommande de consulter également les fiches bibliographiques concernant d'autres spécialités. Par exemple, la maladie menta-
le présente également un aspect sociologique et
anthropologique, etc. Pour orienter l'usager dans
la recherche de ces corrélations, on indiquera
sur la dernière fiche bibliographique de la spé-
cialité concernée le signe ¶ suivi des autres
orientations éventuellement en corrélation.

Les disciplines suivantes ont été abordées :

1. Logique et épistémologie.
2. Anthropologie et ethnologie.
3. Histoire et paléontologie.
4. Histoire des religions.
5. Sociologie.
6. Littérature et théorie littéraire.
7. Musique : technique et histoire.
8. Philosophie et histoire de la - .
9. Psychanalyse.
10. Psychologie et psychologie sociale.
11. Psychiatrie.
12. Linguistique générale.
13. Linguistique indo-européenne.
14. Linguistique non indo-européenne.
15. Encyclopédies générales.
16. Dictionnaires de traduction des
    principales langues.
17. Dictionnaires explicatifs des
    principales langues.
18. Géographie et atlas.
19. Mathématiques en sciences humaines.
20. Instruments généraux.
21. Questions d'interdisciplinarité.
22. Annexe   : Démographie, Ethologie,
    Biologie, Neurologie, Divers.

1. LOGIQUE ET EPISTEMOLOGIE

★⊕ EDWARDS, Paul, édit., The Encyclopedia of Phi-
losophy, New York, 1967, 8 vol.

★⊕ LALANDE, André, Vocabulaire technique et cri-
tique de la philosophie, Paris, 1976.

★ PIAGET, Jean, édit., Logique et connaissance
scientifique, Paris, 1967.

☆ BLANCHE,Robert, Introduction à la logique con-
temporaine, Paris, 1968.

☆ VIRIEUX-REYMOND, A., La logique formelle, Paris, 1967.

☆ BLANCHE, Robert, L'épistémologie, Paris, 1972.

☆ BOUDOT, Maurice, Logique inductive et probabi-
lité, Paris, 1972.

THEORIES DES STRUCTURES ET DES SYSTEMES:

★☆⊕ WILDEN,A., System and structure. Essays in commu-
nication and exchange, Londres, 1972.

★☆⊕ von BERTALANFFY,L.,Théorie générale des systè-
mes, Paris, 1973.

¶ PHILOSOPHIE ET HISTOIRE DE LA - ,
MATHEMATIQUES

---

1. NOV. 1978

2. ANTHROPOLOGIE ET ETHNOLOGIE

⊕ WINICK, Charles, Dictionary of anthropology, Totowa(New Jersey),1977.

⊕ PANOFF,M., et PERRIN,M., Dictionnaire de l'eth-nologie, Paris, 1973.

☆ BOHANNAN,Paul, Social Anthropology, New York, 1963.

☆⊕ HUNTER,D.E., et WHITTEN,P., édit., Encyclope-dia of anthropology, New York, 1976.

★☆ POIRIER,Jean, édit., Ethnologie générale, Paris, 1968.

★☆ POIRIER, Jean, édit., Ethnologie régionale, t.1:Afrique-Océanie, Paris, 1972.

☆ MERCIER,Paul, Histoire de l'anthropologie, Paris, 1971.

☆ KROEBER,A.L., et WATERMAN,T.T., édit., Source book in anthropology, New York, 1971.

☆⊕★ AKOUN, André, L'anthropologie, Verviers,1974.

☆⊕ LAPLANTINE,François, Les 50 mots-clés de l'an-thropologie, Paris, 1974.

★⊕ SILLS, David L., édit., International Encyclo-pedia of the social sciences, New York, 1968, 17 vol.

¶ HISTOIRE ET PALEONTOLOGIE, HISTOIRE DES RELIGIONS, SOCIOLOGIE

3. HISTOIRE ET PALEONTOLOGIE

★☆ SAMARAN, Charles, L'histoire et ses méthodes, Paris, 1961.

☆ CROUZET,Maurice, Histoire générale des civilisations, Paris, 1957-1969, 7 vol.

★ BERR,Henri, direct., L'évolution de l'humanité. Synthèse collective. Paris, 96 vol. en cours de réédition avec des compléments bibliographiques (plus de 30 vol. déjà réédités).

★ GLOTZ,Gustave, Histoire générale, envir.30 vol. très complet.

★ HALPHEN,Louis, et SAGNAC,Philippe, Peuples et civilisations, Paris, 22 vol. nombreuses rééditions mises à jour.

★ TATON, R., édit., Histoire générale des sciences, Paris, 1957-1966, 4 vol.

★ DAUMAS, M., édit., Histoire générale des techniques,Paris, 1962 et sv., 5 vol.

★ RENOUVIN, Pierre, édit., Histoire des relations internationales, Paris, 1963-1965, 8 vol.

☆★ GROUSSET,R., et LEONARD,E.-G., Histoire universelle, Paris, 1958, 3 vol.

pour la chronologie:
ARNOLD-BAKER,C., et DENT,A., Everyman's dic-

tionary od dates, Londres, 1954.

CAVAIGNAC,E., Chronologie de l'histoire mon-
diale, Paris,1946.

☆ KINDER,H., et HILGEMANN,W., Atlas historique,
Paris, 1968.

☆ Encyclopaedia Universalis,THesaurus-Index,
Paris, 1968, t.20, p.2116-2171

atlas historique:

☆ DUBY, Georges, édit., Atlas historique Larousse, Paris, 1978.

pour la préhistoire:

☆ LEROI-GOURHAN,André, Le geste et la parole,
t.1: Technique et langage, t.2:La mémoire
et les rythmes, Paris,1964-1965, 2 vol.

☆ LEROI-GOURHAN,André, Evolution et techniques,
t.1:L'homme et la matière, t.2:Milieu et
techniques, Paris, 1971-1973, 2 vol.

pour la paléontologie et l'anthropologie phy-
sique:

☆ COMAS,J., Manual of physical anthropology,
Springfield, 1960.

★ MARTIN,R., et SALLER,K., Lehrbuch der Anthropologie, Stuttgart, 1966, 3 vol.

★ SHREIDER, E., Les types humains, Paris, 1937,

HISTOIRE ET PALEONTOLOGIE.3.3.

3 vol.
☆ HEBERER,G., KURTH,G., et SCHWIDETZKY-ROSING,
I., Anthropologie, Francfort et Hambourg,
1959.

¶ ANTHROPOLOGIE ET ETHNOLOGIE, HISTOIRE
DES RELIGIONS, PHILOSOPHIE ET HISTOIRE
DE LA - , etc.

---

4. HISTOIRE DES RELIGIONS

★　　　PUECH, H.Ch., édit., Histoire des religions,
　　　　　　　Paris, 1970-1974, 3 vol.

★　　　ELIADE, M., Histoire des croyances et des
　　　　　　　idées religieuses, Paris,1976-1978,
　　　　　　　2 vol. parus.

☆　　　ELIADE, Mircea, Traité d'histoire des reli-
　　　　　　　gions, Paris, 1975.

☆　　　DUMEZIL, Georges, Mythe et épopée, Paris,
　　　　　　　1968-1973, 3 vol.

☆　　　DUMEZIL, Georges, Les dieux souverains des
　　　　　　　Indo-européens, Paris, 1977.

pour le christianisme plus particulièrement,
ouvrages de référence indispensables:
Traduction oecuménique de la Bible. Ancien
　　　　　Testament, Paris, 1975.
Traduction oecuménique de la Bible. Nouveau
　　　　　Testament, Paris, 1975.
MOULTON,W.F., et GEDEN,A.S., A Concordance of
　　　　　the Greek Testament..., Edinburgh,1963.
Septuaginta.Id est Vetus Testamentum graece...
　　　　　edidit A.RAHLFS, Stuttgart,1962.

☆　　　ROBERT,A., et FEUILLET,A., Introduction à la
　　　　　　　Bible, Tournai, 1959, 2 vol.

pour l'antiquité gréco-romaine:

★⊕☆　GRIMAL, Pierre, Dictionnaire de la mythologie

HISTOIRE DES RELIGIONS.4.2.

grecque et romaine, Paris,1963.

¶   HISTOIRE ET PALEONTOLOGIE, PHILCSOPHIE
ET HISTOIRE DE LA - , ANTHROPOLOGIE ET
ETHNOLOGIE

4.2.   NOV.1978

5. SOCIOLOGIE

☆   DUVIGNAUD, J., Introduction à la sociologie, Paris, 1966.

★⊕☆   CUVILLIER,A., Manuel de sociologie, Paris, 1967-1968, 2 vol.

☆⊕   AKOUN,A., et alii, Encyclopédie de la sociologie. Le présent en question, Paris, 1975.

☆   BASTIDE,R., Sociologie et psychanalyse, Paris, 1972.

★☆   GURVITCH,G., La vocation actuelle de la sociologie, Paris, 1968-1969, 2 vol.

☆   ARON,R., Les étapes de la pensée sociologique, Paris, 1967.

☆   TOURAINE, A., Pour la sociologie, Paris, 1974.

☆   ROCHER,G., Introduction à la sociologie générale, t.1:L'action sociale, t.2:L'organisation sociale, t.3: Le changement social, Paris, 1968, 3 vol.

☆⊕   CAZENEUVE,J., et VICTOROFF,D., édit., La sociologie, Verviers, 1972, 3 vol.

☆⊕   GOLFIN, J., Les 50 mots-clés de la sociologie, Paris, 1972.

⊕   BIROU, A., Vocabulaire pratique des sciences sociales, Paris, 1968.

⊕☆★   CAZENEUVE,J., Les communications de masse. Guide alphabétique, Paris, 1976.

5.1.   NOV.1978

SOCIOLOGIE. 5.2.

☆ REMY,J., VOYE,L., et SERVAIS,E., Produire
ou reproduire? Une sociologie de la
vie quotidienne, t.1, Bruxelles, 1978.

☆ CAZENEUVE,J., Dix grandes notions de la sociologie, Paris, 1976.

★⊕☆ SILLS, D.L., édit., International Encyclopedia of the Social Sciences, New York,
1968, 17 vol.

¶ ANTHROPOLOGIE ET ETHNOLOGIE, HISTOIRE
ET PALEONTOLOGIE, PHILOSOPHIE ET HISTOIRE
DE LA - , etc.

6. LITTERATURE ET THEORIE LITTERAIRE

★   AERTS, J., et alii, Moderne Encyclopedie der
        Wereldliteratuur, Gand, 1963-1977, 9 vol.

★   BATESON, F.W., The Cambridge Bibliography of
        English Literature, Cambridge, 1969, 4 vol.

☆   BENET, W.R., The Reader's Encyclopedia, New York,
        1965.

☆   EAGLE, D., et CARNELL, H., The Oxford Literary
        Guide to the British Isles, Oxford, 1977.

☆   GASSNER,J., et QUINN, E., The Reader's Encyclo-
        pedia of World Drama, Londres, 1975.

★   KINDLER, H., Kindlers Literatur Lexikon, Zürich,
        1965-1972, 7 vol.

☆⊕ MEYERS Handbuch über die Literatur, Mannheim,
        1970.

☆★ QUENEAU, R., édit., Histoire des littératures,
        Paris, 1968-1978, 3 vol.

★☆ VAN TIEGHEM, P., édit., Dictionnaire des litté-
        ratures, Paris, 1968, 3 vol.

☆   von WILPERT, G., édit., Lexikon der Weltliteratur
        Stuttgart, 1963-1968, 2 vol.

¶   HISTOIRE ET PALEONTOLOGIE, SOCIOLOGIE, PHI-
    LOSOPHIE ET HISTOIRE DE LA -

---

6. NOV.1978

7. MUSIQUE: TECHNIQUE ET HISTOIRE

☆   de CANDE, Roland, Histoire universelle de la
           musique, Paris, 1978, 2 vol.

★   HONEGGER, Marc, édit., Science de la musique,
           Formes, Technique, Instruments, Paris,
           1976, 2 vol.

★   HONEGGER, Marc, édit., Dictionnaire de la musi-
           que, les hommes et leurs oeuvres, Pa-
           ris, 1970, 2 vol.

¶   LITTERATURE ET THEORIE LITTERAIRE

---

7.   NOV.1978

8. PHILOSOPHIE ET HISTOIRE DE LA PHILOSOPHIE

★ BELAVAL, Yvon, édit., Histoire de la philo-
          sophie, Paris, 1972-1974, 3 vol.

⊕★ LALANDE, André, Vocabulaire technique et
          critique de la philosophie, Paris,
          1976.

⊕ NOIRAY, André, édit., La philosophie, Verviers,
          1972, 3 vol.

★⊕ EDWARDS, Paul, édit., The Encyclopedia of
          Philosophy, New York, 1967, 8 vol.

☆ CHATELET, François, édit., Histoire des idéo-
          logies, Paris, 1978, 3 vol.

☆ BREHIER, E., Histoire de la philosophie alle-
          mande, Paris, 1954.

★ BREHIER, E., Histoire de la philosophie,
          Paris, 1928-1937, 2 vol.

☆ CHEVALIER, J., Histoire de la pensée, Paris,
          1955-1966, 4 vol.

☆ JANET, P., et SEAILLES, G., Histoire de la
          philosophie, Paris, 1928-1929.

☆ RIVAUD, A., Histoire de la philosophie, Paris,
          1948-1962, 4 vol.

★ UEBERWEG, F., Grundriss der Geschichte der
          Philosophie, Berlin, 1923-1928.

¶   HISTOIRE DES RELIGIONS, LOGIQUE ET
     EPISTEMOLOGIE, etc.

---

9. PSYCHANALYSE

☆   FREUD, S., Introduction à la psychanalyse,
           Paris, 1951.

FREUD,S., Gesammelte Werke, Londres, 1940-
           1952, 18 vol.

FREUD, S., The Standard Edition of the Com-
           plete Psychological Works of - ,Lon-
           dres, 1953-1966, 24 vol.

★☆⊕ LAPLANCHE,J., et PONTALIS,J.-B., Vocabulaire
           de la psychanalyse, Paris, 1973.

☆   HUBER,W., PIRON,W., et VERGOTE,A., La psy-
           chanalyse science de l'homme, Bruxel-
           les, 1964.

☆   DORON, R., Eléments de psychanalyse, Paris,
           1978.

LACAN,J., Ecrits, Paris, 1966.

LACAN,J., Le Séminaire,Paris, dernier vol.
           paru:"Livre 2"(à ce jour ont paru
           les livres 1,2, 11 et 20).

En langue française, on utilisera également les
ouvrages des séries "Le Champ Freudien"(Editions du Seuil) et la "Bibliothèque de Psychanalyse"(Editions PUF).

★☆⊕ WOLMAN,Benjamin B., édit., International Ency-
           clopaedia of Psychiatry, Psychology,
           Psychoanalysis, and Neurology, New York,

PSYCHANALYSE.9.2.

1977, 12 vol.

¶   PSYCHIATRIE, PSYCHOLOGIE et PSYCHOLO-
GIE SOCIALE, ANTROPOLOGIE et ETHNOLO-
GIE, SOCIOLOGIE.

10. PSYCHOLOGIE ET PSYCHOLOGIE SOCIALE

☆   MEULDERS,M., et BOISACQ-SCHEPENS,N., Abrégé
         de neuro-psycho-physiologie, Paris,
         1977, 2 vol.

★⊕   EYSENCK,H.J., ARNOLD,W., et MELI,R., Encyclo-
         paedia of psychology, Londres, 1972,
         2 vol.

☆   DELAY,J.,et PICHOT,P., Abrégé de psychologie,
         Paris,1975.

☆   CHATEAU,J., et alii, Les grandes psychologies
         modernes, Bruxelles, 1977.

☆   HUBER,W., Introduction à la psychologie de la
         personnalité, Bruxelles, 1977.

☆   BERGERET,J., et alii, Psychologie pathologique,
         Paris, 1976.

☆   MEILI, R., Manuel du diagnostic psychologique,
         Paris, 1964.

☆   ANZIEU,D., Les méthodes projectives, Paris,
         1976.

★☆   SIVADON,P., édit., Traité de psychologie médi-
         cale, Paris, 1973, 3 vol.

⊕☆   VIREL, A., Vocabulaire des psychothérapies,
         Paris, 1977.

⊕   PIERON, H., édit., Vocabulaire de la psycholo-
         gie, Paris, 1975.

☆   NEWCOMB,T.M., TURNER,R.H., et CONVERSE,P.E.,
         Manuel de psychologie sociale, Paris,

1970.

★☆ MOSCOVICI,S., édit., Introduction à la psychologie sociale, Paris, 1972, 2 vol.

☆ LEVY,A., édit., Psychologie sociale. Textes
fondamentaux anglais et américains,
Paris, 1965, 2 vol.

★⊕ WOLMAN, Benjamin B., édit., International
Encyclopaedia of psychiatry, psycho-
logy, psychoanalysis, and neurology,
New York, 1977, 12 vol.

¶   PSYCHIATRIE, PSYCHANALYSE, SOCIOLOGIE.

11. PSYCHIATRIE

★ BARUK, Henri, Traité de psychiatrie. Séméio-
   logie-psychopathologie, thérapeuti-
   que, étiologie, Paris, 1959, 2 vol.

★ EY, Henri, Traité des hallucinations, Paris,
   1973, 2 vol.

★☆⊕ POROT, Antoine, Manuel alphabétique de psychiatrie, Paris, 1969.

★ EY, Henri, BERNARD Paul et BRISSET, Charles,
   Manuel de psychiatrie, Paris, 1974.

★ MICHAUX, Léon, et collab., Psychiatrie, Paris,
   1965 et sv.(volume à révision pério-
   dique).

★ Encyclopédie médico-chrirurgicale. Psychiatrie,
   Paris, 1969 et sv.(paraît en fascicules, révisions périodiques) 6 vol.

★ de AJURIAGUERRA, J., Manuel de psychiatrie de
   l'enfant, Paris, 1977.

☆ BERNARD, Paul, Manuel de l'infirmier en psychiatrie, Paris, 1977.

⊕ MARCHAIS, P., Glossaire de psychiatrie, Paris,
   1970.

⊕ BLEANDONU, Gérard, Dictionnaire de psychiatrie
   sociale,Paris, 1976.

★⊕ WOLMAN, Benjamin B., édit. International Encyclopaedia of psychiatry, psychology,

11.1. NOV 1978

PSYCHIATRIE.11.2.
                    psychoanalysis, and neurology,
                    New York,1977, 12 vol.

¶   ANTHROPOLOGIE-ETHNOLOGIE (pour l'ethno-
         psychiatrie), PSYCHOLOGIE et PSYCHOLOGIE
         SOCIALE, PSYCHANALYSE, SOCIOLOGIE.

_____ __ _____

11.2. NOV 1978

12. LINGUISTIQUE GENERALE

Le linguiste trouvera dans le BAL-GERMAIN
(cf.ci-dessous 12.1.)l'essentiel de la bibliographie sur les langues romanes et dans la
version abrégée du même ouvrage les principes
de la bibliographie spécialisée. On se borne-
ra ici à citer quelques grands ouvrages d'introduction et à donner quelques indications
sur les répertoires bibliographiques (12.1.),
sur la terminologie linguistique (12.2.) et
sur l'histoire de la linguistique (12.3.).

TRANSLITTERATION DES LANGUES:

★☆⊕ JUCQUOIS, Guy, avec la collab. de DEVLAMMINCK,
Bernard et de LEUSE, Jean, La transcription des langues indo-européennes anciennes et modernes: normalisation et adaptation pour l'ordinateur, Louvain, 1980.

TRAVAUX GENERAUX:

☆⊕ GLEASON, Henry, Introduction à la linguistique,
Paris, 1969.

☆⊕ LYONS, John, Linguistique générale. Introduction
à la linguistique théorique, Paris,1970.

☆⊕★ MARTINET, André, édit., La linguistique. Guide
alphabétique, Paris, 1969.

★ SEBEOK, Thomas, édit., Current trends in linguis-

tics, La Haye, 1963-1976, 22 vol.

★☆⊕ ANTTILA, Raimo, An introduction to historical
and comparative linguistics, New York,
1972.

12.1. BIBLIOGRAPHIE LINGUISTIQUE

Bibliographie linguistique. Linguistic bibliography, Utrecht-Anvers, 1939 sv.

Bulletin signalétique du CNRS. 524: Sciences du langage, Paris, 1947 sv.

Language and language behavior abstracts, Ann Arbor, 1967 sv.

Modern language association international bibliography of books and articles on the modern languages and literatures, New York, 1970 sv.

BAL, Willy, et GERMAIN, Jean, Guide bibliographique de linguistique romane, Louvain, 1978

¶ Etant donné le caractère de cette rubrique, les signes ★, ☆ et ⊕ n'ont pas été utilisés.

12.2. TERMINOLOGIE LINGUISTIQUE

☆ DUBOIS, Jean, et alii, Dictionnaire de linguis-
       tique, Paris, 1973.

☆ MOUNIN, Georges, édit., Dictionnaire de la lin-
       guistique, Paris, 1974.

☆ DUCROT, Oswald, et TODOROV, Tzvetan, Dictionnaire
       encyclopédique des sciences du langage,
       Paris, 1972.

★ KNOBLOCH, Johann, édit., Sprachwissenschaftliches
       Wörterbuch, Heidelberg, 1961 sv.

★ MARTINET, André, édit., La linguistique. Guide
       alphabétique, Paris, 1969.

★ MORIER, Henri, Dictionnaire de poétique et de
       rhétorique, Paris, 1975.

  NASH, Rose, Multilingual lexicon of linguistics
       and philology : English, Russian,
       German, French, Coral Gables (Florida),
       1968.

★ WELTE, Werner, Moderne Linguistik : Terminologie,
       Bibliographie. Ein Handbuch und Nach-
       schlagewerk auf der Basis der generativ-
       transformationellen Sprachtheorie,
       Munich, 1974, 2 vol.

☆ ABRAHAM, W., Terminologie zur neueren Linguistik,
       Tübingen, 1974.

TERMINOLOGIE LINGUISTIQUE (suite)

☆ JANISEN, H., et STAMMERJOHANN, H., Handbuch
        der Linguistik, München, 1975.

★ LEWANDOWSKI, T., Linguistisches Wörterbuch,
        Heidelberg, 1973, 1975, 3 vol.

¶   Tous ces ouvrages concernent la terminologie,
le signe ⊕ n'a donc pas été utilisé ici.

12.3. HISTOIRE DE LA LINGUISTIQUE

★   ARENS, Hans, Sprachwissenschaft. Der Gang ihrer
           Entwicklung von der Antike bis zur Ge-
           genwart, Munich, 1969.

☆   LEROY, Maurice, Les grands courants de la lin-
           guistique moderne, Bruxelles, 1971.

☆⊕   MALMBERG, Bertil, Les nouvelles tendances de la
           linguistique, Paris, 1972.

☆⊕   MOUNIN, Georges, Histoire de la linguistique des
           origines au XXe siècle, Paris, 1970.

☆⊕   MOUNIN, Georges, La linguistique du XXe siècle,
           Paris, 1972.

☆   ROBINS, Robert Henry, Brève histoire de la lin-
           guistique: de Platon à Chomsky, Paris,
           1976.

13. LINGUISTIQUE INDO-EUROPEENNE (GRAMMAIRE)

ALLEMAND :

☆ BOUCHEZ, M., Grammaire allemande, Paris, 1960.

★ BRINKMANN, H., Die deutsche Sprache,
        Düsseldorf, 1971.

★ CURME, G.O., A Grammar of the German Language,
        New York, 1970.

★ GREBE, P., Grammatik der deutschen Gegenwarts-
        sprache, Duden, t. 4, Mannheim, 1973.

☆ HELBIG, G., et BUSCHA, J., Deutsche Grammatik.
        Ein Handbuch für den Ausländerunterricht,
        Leipzig, 1974.

★ PAUL, H., Deutsche Grammatik, Tübingen, 1968,
        5 vol.

★ PAUL, H., et STOLTE, H., Kurze deutsche
        Grammatik, Tübingen, 1962.

☆ SCHULZ, D., et GRIESBACH, H., Grammatik der
        deutschen Sprache, München, 1976.

ANGLAIS :

★★ JESPERSEN, O., A modern English Grammar on
        historical Principles, London-Copenhagen,
        1961-1965, 7 vol.

★★ KRUISINGA, E., A Handbook of Present-Day
        English, Utrecht-Groningen, 1925, 1932,
        2 vol.

LINGUISTIQUE INDO-EUROPEENNE(Grammairè).13.2.

★★ POUTSMA, H., A Grammar of late Modern English,
     s.l., 1928^2, 1926.
★ QUIRK, R., et alii, A Grammar of Contemporary
     English, London, 1978.
☆ QUIRK, R., et GREENBAUM, S., A University
     Grammar of English, London, 1973.
☆ THOMSON, A.J., et MARTINET, A.V., A Practical
     English Grammar for foreign Students,
     London, 1964.
★ ZANDVOORT, R.W., A Handbook of English
     Grammar, London, 1972^6.

BIÉLO-RUSSE :

ATRAXOVIČ, K.K., et BULAXAJ, M.G., Grammatyka
     belaruskaj movy, Minsk, 1962, 1966,
     2 vol.

BULGARE :

ANDREJČIN, L., KOSTOV, I., et NIKOLOV, E.,
     Bǎlgarska gramatika, Sofia, 1947.
BEAULIEUX, L., Grammaire de la langue
     bulgare, Paris, 1950^2.

13.2.   NOV.1978

ESPAGNOL :

GARCÍA DE DIEGO, V., Gramática histórica
española, Madrid, 1971.

REAL ACADEMIA ESPAÑOLA, Esbozo de una nueva
gramática de la lengua española,
Madrid, 1973.

ITALIEN :

★ ROHLFS, G., Historische Grammatik der italie-
nischen Sprache und ihrer Mundarten,
Berne, 1973, 3 vol.

★ ROHLFS, G., Grammatica storica della lingua
italiana e dei suoi dialetti, Torino,
1966-1969, 3 vol. [trad. italienne de
l'éd. allemande de 1949-1954 mise à
jour].

LOUETTE, H., Nouvelle grammaire de la langue
italienne, Paris, 1973.

MACÉDONIEN :

LUNT, H.G., Grammar of the Macedonian Literary
Language, Skopje, 1952.

LINGUISTIQUE INDO-EUROPEENNE(Grammaire).13.4.

KONESKI, B., Grammatika na makedonskiot jazik,
     Skopje, 1952, 1954, 1957, 2 vol.

NÉERLANDAIS :

HENRARD, R., Grammaire du néerlandais, Antwerpen,
     1970.

NIEUWBORG, E., De distributie van het onderwerp
     en het lijdend voorwerp in het huidige
     geschreven nederlands in zijn A.B.-vorm,
     Antwerpen, 1968.

★ PAARDEKOOPER, P.C., ABN. Beknopte ABN-Syntaksis,
     Eindhoven, s.d.

POLONAIS ET LANGUES LEKHITES :

☆ DOROSZEWSKI, W., Podstawy grammatyki polskiej,
     I., Warszawa, 1931.
☆ KLEMENSIEWICZ, Z., LEHR-SPŁAWIŃSKI, J., et
     URBAŃCZYK, S., Grammatyka historyczna
     języka polskiego, Warszawa, 1955.
☆ GRAPPIN, H., Grammaire de la langue polonaise,
     Paris, 1949^2.
★ ŁOŚ, J., Grammatyka polska, Lwów, 1922, 1925,
     1927, 3 vol.

ŠWELA, B., Grammatik der niedersorbischen
        Sprache, Bautzen, 1952.
MUCKE, E., Historische und vergleichende
        Laut- und Formenlehre der niedersorbischen
        Sprache, Leipzig, 1892.

WJELA, J., Lehrgang der sorbischen Sprache,
        Bautzen, 1949.
KRAL, J., Grammatik der wendischen Sprache
        in der Oberlausitz, s.l., 1925^2.

PORTUGAIS :

ALI, M.S., Gramática histórica da lingua
        portuguesa, São Paulo, 1966.
TEYSSIER, P., Manuel de langue portugaise,
        Paris, 1976.

RUSSE :

★ BORKOVSKIJ, V.I., et KVZNECOV, P.S.,
        Istoričeskaja grammatika russkogo
        jazyka, Moscou, 1965.
☆ UNBEGAUN, B.O., Russian Grammar, Oxford,
        1957.

SERBO-CROATE :

MEILLET, A., et VAILLANT, A., Grammaire de
    la langue serbo-croate, Paris, 1933.
ALEKSIĆ, R., et STEVANOVIĆ, M., Grammatika
    srpskoga ili hrvatskoga jezika za srednje
    škole, Sarajevo, 1947.

SLOVAQUE :

BARTOŠ, J., et GAGNAIRE, J., Grammaire de la
    langue slovaque, Paris-Bratislava, 1972.
DVONČ, L., et alii, Morfológia slovenského
    jazyka, Bratislava, 1966.
ORLOVSKÝ, J., et ARANY, L., Gramatika jazyka
    slovenského, Bratislava, 1946.
★ STANISLAV, J., Dejiny slovenského jazyka,
    Bratislava, 1956, 1958, 1957, 3 vol.

SLOVÈNE :

★ RAMOUŠ, F., Historična gramatika slovenskega
    jezika, Ljubljana, 1924, 1936, 2 vol.
BAJEC, A., KOLARIČ, R., et RUPEL, M., Slovenska
    slovnica, Ljubljana, 1956.

TCHÈQUE :

☆ MAZON, A., Grammaire de la langue tchèque, Paris, 1945^2.

★ GEBAUER, J., Historická mluvnice jazyka českého, Praha, 1894-1909, 4 vol.

UKRAINIEN :

LUCKYJ, G., et RUDNYCKYJ, J.B., A Modern Ukrainian Grammar, London, 1949.

VIEUX-SLAVE :

DIELS, P., Altkirchenslavische Grammatik, Heidelberg, 1932.

VAILLANT, A., Manuel du vieux slave, Paris, 1964^2, 2 vol.

14. LINGUISTIQUE NON INDO-EUROPEENNE

CLASSIFICATION DES LANGUES DU MONDE:

★⊕   VOEGELIN,C.F. et F.M., Classification and
          index of the world's languages, New
          York, 1977.

★   SEBEOK,T.A., édit., Current trends in lin-
          guistics, t.14,La Haye, 1976,p.1-235.

DESCRIPTIONS DES LANGUES ET FAMILLES:

On trouvera les premières indications dans
les différents volumes de la série suivante
(attention à l'ordre d'exposition: il y a
souvent superposition d'une division géogra-
phique - régions où sont parlées les langues - et d'une division d'après les prove-
nances des auteurs. Consulter toujours l'index
du t.14)

★   SEBEOK, T.A., édit., Current trends in lin-
          guistics, La Haye, 1963-1976, 14 tomes
          en 21 vol.

☆⊕   MEILLET,A., et COHEN,M., édit., Les langues du
          monde, Paris, 1952.

SYSTEMES D'ÉCRITURE:

★☆⊕   FEVRIER,J.G., Histoire de l'écriture, Paris,
          1948.
★   TRAGER,G.L., Writing and writing systems, dans
          SEBEOK,T.A., édit., Current trends in
          linguistics, La Haye, 1974, t.12.1,p.
          373-496.

¶   LINGUISTIQUE GENERALE, LINGUISTIQUE
     INDO-EUROPEENNE.

15. ENCYCLOPEDIES GENERALES

Encyclopaedia Universalis,Paris, 1968-1977,
　　20 vol. + 1 vol.annuel d'Universalia
　　(évènements de l'année écoulée).
Encyclopedia Americana, New York, 1966,
　　30 vol.+ Americana annual (depuis 1923).
Encyclopaedia Britannica, Cambridge,1974,
　　30 vol. + 1 vol. annuel de Britanni-
　　ca book of the year (depuis 1938 pour
　　les évènements de l'année écoulée)
BROCKHAUS-Enzyklopädie in zwanzig Bänden, Wies-
　　baden, 1966-1975 (avec un volume de car-
　　tes).
De Nieuwe WINKLER PRINS. Encyclopedie in vijf
　　delen, Amsterdam-Bruxelles, 1963-1966.

16. DICTIONNAIRES DE TRADUCTION DES PRINCIPALES LANGUES

ANGLAIS :

MANSION, J.E., édit., HARRAP's shorter French
    and English Dictionary, Toronto, 1967.

MANSION, J.E., édit., HARRAP's Standard French
    and English Dictionary, Londres, 1965,
    2 vol.

ALLEMAND :

PFOHL, E., Brockhaus Bildwörterbuch, Französisch-
    Deutsch, Deutsch-Französisch, Wiesbaden,
    1961-1965, 2 vol.

SACHS, U., et VILATTE, C., Langenscheidts
    Grosswörterbuch, Französisch-Deutsch,
    Deutsch-Französisch, Berlin, 1968, 2 vol.

WILHELM, K., Langenscheidts Handwörterbuch,
    Französisch,-Deutsch, Deutsch-Französisch,
    Berlin-München, 1963, 2 vol.

BIÉLORUSSE :

KRAPIVA, K.K., Byelorussian-Russian Dictionary,
    Moscou, 1962.

BULGARE :

DORTCHEV, G., et alii, Dictionnaire bulgare-
    français, Sofia, 1964.

DICTIONNAIRES DE TRADUCTION DES PRINCIPALES
LANGUES.16.2.

ESPAGNOL :
GARCÍA-PELAYO Y GROSS, R., Dictionnaire moderne
        Français-Espagnol, Paris, 1967.
GREC :
BAILLY, A., Dictionnaire Grec-Français,
        Paris, 1963.
MIRAMBEL, A., Petit dictionnaire français-grec
        moderne et grec moderne-français, Paris,
        1977.

ITALIEN :

CUSATELLI, Giorgio, Dizionario Garzanti, francese-
        italiano, italiano-francese, Milan, 1966.
GHIOTTI, Candido, Il novissimo Ghiotti,
        vocabolario italiano-francese e francese-
        italiano, Turin, 1966.

LATIN :
GAFFIOT, F., Dictionnaire illustré Latin-
        Français, Paris, 1934.
QUICHERAT, L., Dictionnaire Français-Latin,
        Paris, 1860.
NÉERLANDAIS :
GALLAS, K.R., Nieuw Frans-Nederlands, Nederlands-

DICTIONNAIRES DE TRADUCTION DES PRINCIPALES
LANGUES.16.3.

Frans Woordenboek, Zutphen, s.d., 2 vol.
PRICK VAN WELY, F.P.H., Kramer's frans woorden-
boek, Frans-Nederlands en Nederlands-Frans,
Den Haag, 1967.
POLONAIS :
BULAS, K., THOMAS, L.L., WHITFIELD, F.J., Polish-
English Dictionary, The Hague, 1961.

BULAS, K., et WHITFIELD, F.J., English-Polish
Dictionary, The Hague, 1959.
JAKUBAŠ, F., Upper Lusatian-German Dictionary,
Bautzen, 1954.
LABUDA, A., Slowniczek kaszubski, Varsaw,
1960.
RUSSE :
GANCHINA, K.A., Dictionnaire Français-Russe,
Moscou, 1971.
MAKAROFF, N.P., Dictionnaire Russe-Français,
Léningrad, 1904.
MAKAROFF, N.P., Dictionnaire Français-Russe,
Léningrad, 1906.
ŠČERBA, L.V., Dictionnaire russe-français,
Moscou, 1969.
SERBO-CROATE :
RISTIĆ, S., SIMIĆ, Z., et POPOVIĆ, V.,
English-Serbocroatian Dictionary,

DICTIONNAIRES DE TRADUCTION DES PRINCIPALES
LANGUES.16.4.

Belgrade, 1956, 2 vol.

KARADZIC', V.S., Srpski rečnik, Serbian-
German-Latin Dictionary, Belgrade, 1935.

SLOVAQUE :

SMOLÁK, V., Dictionnaire portatif Français-
Slovaque et Slovaque-Français, Bratislava,
1971.

VILIKOVSKÁ, J., VILIKOVSKÝ, P., ŠIMKO, J.,
Slovak-English Dictionary, Bratislava, 1964.

SLOVÈNE :

KOTNIK, J., Slovensko-Francoski Slovar, Dictionnaire Slovène-Français, Ljubljana, 1969.

KOTNIK, J., et PRETNAR, J., Francosko-Slovenskí
Slovar, Dictionnaire Français-Slovène,
Ljubljana, 1969.

PRETNAR, J., Dictionnaire français-slovène,
Ljubljana, 1932.

TCHÈQUE :

BUBEN, V., Francouzsko-Český, Česko-
Francouzský Slovník, 2 parties, Praha, 1961.

17. DICTIONNAIRES EXPLICATIFS DES PRINCIPALES LANGUES

ANGLAIS :

★★ BABCOCK, P., édit., Webster's third new
        international Dictionary, Chicago, 1966,
        2 vol. + 1 supplément,Springfield, 1976.
☆ COULSON, J., et alii, The Oxford illustrated
        Dictionary, Oxford, 1976.
★ GOUE, B., édit., Webster's Seventh New Collegiate
        Dictionary, Springfield, 1965.
  HAYWARD, A., et SPARKES, J., Cassel's English
        Dictionary, London, 1966.
☆ HORNBY, A.S., Oxford advanced learner's
        Dictionary of Current English, London, 1975.
☆ ONIONS, C.T., édit., The shorter Oxford English
        Dictionary, London, 1965, 2 vol.
☆ SYKES, J.B., édit., The Concise Oxford
        Dictionary of Current English, Oxford, 1976.

ALLEMAND :

★★ DRODOWSKI, et GUENTHER, édit., Das grosse
        Wörterbuch der deutschen Sprache,
        Mannheim, 1976 sv., 6 vol.
★ GOESSE, A., Trübners Deutsches Wörterbuch,
        Berlin, 1939, 1957, 2 vol.

DICTIONNAIRES EXPLICATIFS DES PRINCIPALES
LANGUES.17.2.

** GRIMM, JACOB et WILHEM, Deutsches Wörterbuch,
        Leipzig, 1965 sv.
* MACKENSEN, L., Deutsches Wörterbuch, München,
        1967.
* PAUL, H., Deutsches Wörterbuch, Tübingen,
        1966.
☆ WAHRIG, G., Deutsches Wörterbuch, Gütersloh,
        1968.

BULGARE :

* GEROV, N., Rečnik na bălgarskija ezik, Sofia,
        1975 sv., 6 vol.

ESPAGNOL :

** ALCOVER, A., Diccionari Català-Valencià-
        Bolear, Palma de Mallorca, 1968 sv.,
        10 vol.
* ALONSO, M., Enciclopedia del idioma.
        Diccionario histórico y moderno de la
        lengua española, Madrid, 1958, 3 vol.
* REAL ACADEMA ESPAÑOLA, Diccionario de la
        lengua española, Madrid, 1970.

_____

17.2.   NOV.1978

DICTIONNAIRES EXPLICATIFS DES PRINCIPALES
LANGUES.17.3.

☆   SADER, édit., Diccionario moderno del español
         usual, Madrid, 1975.

ITALIEN :
★★   BATTAGLIA, S., Grande dizionario della lingua
         italiana, Torino, 1961 sv., 9 vol. parus.

MACÉDONIEN :

★★   KONESKI, B., et alii, Rečnik na makedonskiot
         jazik so srpskoxrvatski tolkovanja,
         Skopje, 1961, 1965, 1966, 3 vol.

NÉERLANDAIS :

★★   KRUYSKAMP, C., Van Dale Groot Woordenboek
         der Nederlandse Taal, + supplement,
         's-Gravenhage, 1970.
☆   VERSCHUEREN, J., Modern Woordenboek, Turnhout,
         1965, 2 vol.

POLONAIS :

★   LEHR-SPŁAWIŃSKI, édit., Słownik języka
         polskiego, Warsaw, 1948 sv.

_____

17.3.   NOV.1978

DICTIONNAIRES EXPLICATIFS DES PRINCIPALES LANGUES.17.4.

PORTUGAIS :

★★ SILVA, Antonio de Morais, Grande dicionário
da língua portuguesa, Lisboa, 1949-1959,
12 vol.

RUSSE :

★★· DAL', V., Tolkovyj slovar' živogo
velikorusskago jazyka, Moscou, 1880-
1882, 4 vol.

☆ UŠAKOV, D.N., Tolkovyj slovar' russkogo
jazyka, Cambridge, 1974.

SLOVAQUE :

★★ PECIAR, Š., et alii, Slovnik slovenského
jazyka, Bratislava, 1959-1965, 5 vol.

TCHÈQUE :

TRÁVNÍČEK, F., Slovník jazyka českého, Prague,
1952.

TRÁVNÍČEK, F., et VÁŠA, P., Slovnik jazyka
českého, Praha, 1937, 2 vol.

DICTIONNAIRES EXPLICATIFS DES PRINCIPALES
LANGUES.17.5.

VIEUX SLAVE :

★★   SADNIK, L., et AITZETMUELLER, R., Handwörter-
          buch zu den altkirchenslavischen Texten,
          The Hague, 1955.

18. GEOGRAPHIE ET ATLAS

⊕   GEORGE,P., édit., Dictionnaire de la géogra-
        phie, Paris, 1970.
☆   JOURNAUX,A., et alii, Géographie générale,
        Paris, 1966.
★   VIDAL de la BLACHE,P., et GALLOIS,L., Géo-
        graphie universelle, Paris, 1927-1955,
        15 vol.
★☆ BRUNHES DELAMARRE, M.J., et alii, Géographie
        régionale, t.1, Paris,1975.
☆   BRUNACCI,G., et alii, Encyclopédie géographi-
        que, Paris, 1976.
☆   Atlas de poche, Paris, 1976.
☆★ DERRUAU,M., Précis de géographie humaine,
        Paris, 1969.
☆   Atlas Universalis, Paris, 1974.

¶   HISTOIRE ET PALEONTOLOGIE, ANTHROPOLO-
        GIE ET ETHNOLOGIE

---

19. MATHÉMATIQUES EN SCIENCES HUMAINES

☆ BOUVIER,A., La théorie des ensembles, Paris, 1972.

☆ RICHARDSON, M., Eléments de mathématiques modernes, Paris, 1963.

☆ BARBUT,Marc, Mathématiques des sciences humaines, t.1:Combinatoire et algèbre, t.2: Nombres et mesures, Paris, 1967-1968.

☆ CALOT,G., Cours de calcul des probabilités, Paris, 1964.

☆ FISCHER,H., Les méthodes statistiques en psychologie et en pédagogie, Neuchatel, 1955.

☆ MASIERI,W., Notions essentielles de statistique et de calcul des probabilités, Paris, 1965.

☆ EHRLICH,S., et FLAMENT,Cl., Précis de statistique, Paris, 1961.

☆ MONJALLON,A., Introduction à la méthode statistique, Paris, 1961.

★ FAVERGE,J.-M., Méthodes statistiques en psychologie appliquée, Paris, 1963-1965, 3 vol.

☆ GOUJON,P., Mathématiques de base pour les linguistes, Paris, 1975.

☆ MULLER, Ch., Initiation à la statistique lin-

guistique, Paris, 1968.

☆⊕ MULLER, Ch., Principes et méthodes de statistique lexicale, Paris, 1977.

★ ABRAMOWITZ,M., et STEGUN,I.A., édit., Handbook
of mathematical functions with formulas,
graphs, and mathematical tables, New
York, 1965.

⊕☆ WARUSFEL, A., Dictionnaire raisonné de mathématiques, Paris, 1976.

¶   Sur certaines questions particulières,
on trouvera aussi des indications dans les
grandes encyclopédies générales et spéciales
(e.a. celle des sciences sociales, de la philosophie et de la psychologie).

20. INSTRUMENTS GENERAUX

Pour compléter la bibliographie de cette
brochure, notamment pour certaines spécialités:

RIVIERE,P., La bibliothèque idéale, Ver-
    viers 1974.
RUSSO, F., Pour une bibliothèque scientifi-
    que, Paris, 1972.

Pour rédiger et prendre note:

JUCQUOIS,G., et LEUSE,J., Conventions pour
    la présentation d'un texte scientifique,
    Louvain, 1978.
SIMPSON,M., Guide de la secrétaire, Montréal,
    1975.

Pour la correction du français:

GREVISSE,M., Le français correct. Guide pra-
    tique, Gembloux, 1973.
THOMAS, A.V., Dictionnaire des difficultés de
    la langue française, Paris, 1971.
HANSE,J., Dictionnaire des difficultés gram-
    maticales et lexicologiques, Amiens-Bruxel·
    les, 1949.
CHEVALIER,J.-Cl., et alii, Grammaire Larous-
    se du français contemporain, Paris, 1964.

GREVISSE,M., Le bon usage. Grammaire françai-
ce, Gembloux,1964.

Dictionnaires français de consultation couran-
te:

Le Petit Robert. Dictionnaire alphabétique
et analogique de la langue française,
Paris, 1977.
Le Petit Robert 2. Dictionnaire universel des
noms propres, Paris, 1974.
Larousse de la langue française. Lexis, Paris,
1977.
Petit Larousse en couleurs, Paris, 1972.
Larousse des citations françaises et étran-
gères, Paris, 1976.
BAILLY,R., Dictionnaire des synonymes de la
langue française, Paris, 1947.
MAQUET, Ch., Dictionnaire analogique. Réper-
toire moderne des mots par les idées, des
idées par les mots, Paris, 1971.

¶   LINGUISTIQUE INDO-EUROPEENNE:FRANCAIS,
DICTIONNAIRES EXPLICATIFS DES PRINCIPA-
LES LANGUES.

21. QUESTIONS D'INTERDISCIPLINARITE

☆ Tendances principales de la recherche dans les sciences sociales et humaines, Paris-La Haye (UNESCO), 1971.

☆ PALMADE, Guy, Interdisciplinarité et idéologies, Paris, 1977.

☆ PALMADE, Guy, L'unité des sciences humaines, Paris, 1961.

☆ Science et synthèse, Paris, 1967.

☆ PIAGET, Jean, édit., Logique et connaissance scientifique, Paris, 1967.

⊕ THINES,G., et LEMPEREUR,A., Dictionnaire général des sciences humaines, Paris, 1975.

★ SEBEOK, T.A., édit., Current Trends in Linguistics, t.12: Linguistics and adjacent arts and sciences, Paris, 1974, 4 vol.

★ MORIN,E., PIATTELLI-PALMARINI,M., édit., L'unité de l'homme. Invariants biologiques et universaux culturels, Paris, 1974.

22. ANNEXE

DÉMOGRAPHIE:

★ SAUVY,A., Théorie générale de la population, Paris, 1952-1959.

☆ SAUVY, A., La population, ses mouvements, ses lois, Paris, 1959.

☆ GERARD,H., et WUNSCH,G., Comprendre la démographie, Verviers, 1973.

ÉTHOLOGIE:

⊕☆★ HEYMER,A., Vocabulaire éthologique (allemand, anglais, français), Paris, 1977.

☆ RUWET,J.C., Ethologie: biologie du comportement, Bruxelles, 1970.

☆ GOFFMAN,E., La mise en scène de la vie quotidienne, Paris, 1973, 2 vol.

BIOLOGIE:

☆⊕ CHAUVIN,R., édit., La biologie. Les êtres vivants,les structures, Verviers, 1973, 2 vol.

★ KISTER,R., et alii, Encyclopédie des sciences biologiques, Genève, 1961-1963, 8 vol.

⊕☆ Atlas de biologie, Paris, 1970

DIVERS:

On trouvera les premières indications bibliographiques sur d'autres disciplines de
sciences humaines, telle que le droit, l'é-
conomie, etc., dans:
★☆⊕ SILLS, David L., édit., International En-
      cyclopedia of the social sciences, New
      York, 1968, 17 vol.

NEUROLOGIE:

¶   PSYCHIATRIE, BIOLOGIE.

INDEX ET CONCORDANCES
DE L'INSTITUT DE LINGUISTIQUE DE LOUVAIN (ICILL)

ICILL 1: G. JUCQUOIS avec la collaboration de B. DEVLAMMINCK et de J. LEUSE, *La transcription des langues indo-européennes anciennes et modernes : normalisation et adaptation pour l'ordinateur* (sous presse).

ICILL 2: E. NIEUWBORG et J. WEISSHAUPT, avec la collab. de D. REULEN, *Concordantielijst van Zuidnederlandse Romans :* Hugo CLAUS, *Natuurgetrouwer; De Zwarte Keizer; Het Jaar van de Kreeft*, 1979, 12 pp. + 3.435 pp. en 14 microfiches. Prix: 795,— FB.

ICILL 3: G. JUCQUOIS et B. DEVLAMMINCK, *Die Sprache 1 (1949)-20 (1974): index des formes*, 1979, XVI-301 pp. Prix: 800,— FB.

ICILL 4: É. NIEUWBORG et J. WEISSHAUPT, avec la collab. de D. REULEN, *Concordance de :* G. CESBRON, *Notre prison est un royaume* (en préparation).

ICILL 5: G. JUCQUOIS avec la collaboration de B. DEVLAMMINCK, J. LEUSE et D. REULEN, *Indogermanische Forschungen 47 (1932)-75 (1970): index des formes* (en préparation).

BCILL 13 : I. ALMEIDA, *L'opérativité sémantique des récits-paraboles. Sémiotique narrative et textuelle. Herméneutique du discours religieux.* Préface de Jean LADRIÈRE. XIII-484 pp., 1978. Prix : 1000,— FB.

Prenant comme champ d'application une analyse sémiotique fouillée des récits-paraboles de l'Evangile de Marc, ce volume débouche sur une réflexion herméneutique concernant le monde religieux de ces récits. Il se fonde sur une investigation épistémologique contrôlant les démarches suivies et situant la sémiotique au sein de la question générale du sens et de la compréhension.

BCILL 14 : *Études Minoennes I : le linéaire A*, éd. Y. DUHOUX, 191 pp., 1978. Prix : 480,— FB.

Trois questions relatives à l'une des plus anciennes écritures d'Europe sont traitées dans ce recueil : évolution passée et état présent des recherches ; analyse linguistique de la langue du linéaire A ; lecture phonétique de toutes les séquences de signes éditées à ce jour.

BCILL 15 : *Hethitica III*, 165 pp., 1979. Prix : 490,— FB.

Ce volume rassemble quatre études consacrées à : la titulature royale hittite ; la femme dans la société hittite ; l'onomastique lycienne et gréco-asianique ; les rituels *CTH* 472 contre une impureté.

SÉRIE PÉDAGOGIQUE
DE L'INSTITUT DE LINGUISTIQUE DE LOUVAIN (SPILL)

SPILL 1 : G. JUCQUOIS, avec la collaboration de J. LEUSE, *Conventions pour la présentation d'un texte scientifique*, 1978, 54 pp. Prix : 135,— FB.

Brochure destinée à faciliter aux étudiants les opérations pratiques que suscite la recherche en sciences humaines : présentation d'un texte, citations, référenciations, etc., ceci depuis la recherche bibliographique jusqu'à la dactylographie ou l'impression du texte.

SPILL 2 : G. JUCQUOIS, *Projet pour un traité de linguistique différentielle*, 1978, 67 pp. Prix : 170,— FB.

Exposé succinct destiné à de régulières mises à jour de l'ensemble des projets et des travaux en cours dans une perspective différentielle au sein de l'Institut de Linguistique de Louvain.

SPILL 3 : G. JUCQUOIS, *Additions 1978 au « Projet pour un traité de linguistique différentielle''*, 1978, 25 pp. Prix : 70,— FB.

SPILL 4 : G. JUCQUOIS, *Paradigmes du vieux-slave*, 1979, 33 pp. Prix : 100,— FB.

En vue de faciliter l'étude élémentaire de la grammaire du vieux-slave et de permettre aux étudiants d'en identifier rapidement les formes, ce volume regroupe l'ensemble des paradigmes de cette langue liturgique.

SPILL 5 : W. BALL-J. GERMAIN, *Guide de linguistique*, 1979, 108 pp. Prix : 275,— FB.

Destiné à tous ceux qui désirent s'initier à la linguistique moderne, ce guide joint à un exposé des notions fondamentales et des connexions interdisciplinaires de cette science une substantielle documentation bibliographique sélective, à jour, classée systématiquement et dont la consultation est encore facilitée par un index détaillé.

SPILL 6 : G. JUCQUOIS-J. LEUSE, *Ouvrages encyclopédiques et terminologiques en sciences humaines*, 1980, 60 pp. Prix : 150,—FB.

Brochure destinée à permettre une première orientation dans le domaine des diverses sciences de l'homme. Trois sortes de travaux y sont signalés : ouvrages de terminologie, ouvrages d'introduction, et ouvrages de type encyclopédique.